Le Murmure de l'Intime

Dépôt légal - 4ᵉᵐᵉ trimestre 2022

Bibliothèque et Archives Nationales du Québec, 2022
Bibliothèque et Archives Canada, 2022
ISBN : 9798353463429

www.presses-panafricaines.com
infos@presses-panafricaines.com

Tous les droits de traduction, reproduction et d'adaptation réservés pour tout pays.

Safiatou Ba

Le Murmure de l'Intime

Recueil de Poèmes

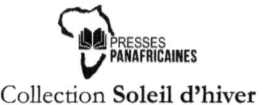

Collection **Soleil d'hiver**

De la même auteure

L'Envers du décor (recueil de nouvelles), Jamana, Mali, 2014 ;

Les Fantômes du passé (roman), Presses panafricaines, Canada, 2017 ;

Émotions violentes (roman), Jamana, Mali, 2018, Prix Massa Makan Diabaté de la Rentrée littéraire 2018 du Mali ;

Ah ! nos maris, ces grands inconnus (roman), Editions Afrikana, Canada, 2019 ;

Voix intérieure (recueil de poèmes), Figuira Édition, Mali, 2020 ;

Ah! nos épouses, ces mantes religieuses (roman), Editions Afrikana, Canada, 2021.

Je n'étais qu'un enfant (roman), Editions Lakalita, Burkina Faso, 2022

Ouvrage collectif

Extrait *Émotions violentes* – page 201-206, Voix d'écrivaines francophones, Anthologie, Regain de lecture, Corsaire Éditions, France, 2019 ;

Élan – Poème à un jeune soldat inconnu : recueil en hommage aux soldats disparus, Cauris Édition, Mali, 2020 ;

Catalogues – Écrivaines du Mali, vie et œuvres – page 126-127, International Multi Consulting (IMC SARL), Mali, 2022.

Dédicace

A mes amis de l'Annexe IPEG (Groupe 3A). Merci de me faire croire que la belle amitié existe encore. Comme on dit « *la promotion est sacrée, sucrée et si salée !* »/ Merci de contribuer à mon bonheur sur cette terre !
Il s'agit de :
Abdou Koly SANGARE
Adama KOÏTA, *la petite sœur chérie qui veut prendre ma place auprès de MK*
Adama SIDIBÉ
Adda BOCOUM
Aida BÉYE
Aida DIAKITÉ
Alassane KÉÏTA
Aliou SIDIBÉ
Alou COULIBALY
Amadou Baïdi SOW, *le grand Imam*
Amadou Beïdy BAH
Amadou DIAW
Amadou SY dit Papa SY
Aminata DIAKITÉ
Aminata KONATÉ dite Mimi
Anara AG RHALI
Bakary TRAORÉ
Binthily SOUMARÉ, *la complice de Darsalam*
Boubacar Siddick DIALLO dit Papou
Bréhima OUATTARA
Cheick Oumar OUATTARA
Cheick Oumar DIALLO
Cheick Oumar FOMBA

Colonel-Major Amara DOUMBIA
Dièneba BA, *la petite sœur bien aimée*
Djènèba KEÏTA
Fadiala DEMBÉLÉ (Directeur en Mercedes)
Fatoumata COULIBALY
Fodé BAMBA
Fousseni COULIBALY, *(le papa chéri de MS). Plus amoureux de foot que lui, on meurt ou on attrape le palus indien !*
Gaoussou TRAORÉ
Hamala TRAORÉ
Hamidou TRAORÉ
Hawa Bakary TRAORÉ
Ibrahim TOURÉ dit Vieux
Idrissa ANN
Idrissa TRAORÉ dit Idi
Issa KÉÏTA
Kadiatou BA
Kadidiatou SOUMARÉ dite Diatou
Khadi SIMA
Karim MARIKO
Katy MBAYE
Koïta
Korotoumou Sissoko, *la fausse chérie de P*
Lassana COULIBALY
Maïmouna N'Tji MARIKO, *l'amie fidèle*
Mama Bakayoko
Mamadou BÉYE dit Doudou
Mamadou SAMAKÉ
Mamadou TRAORÉ
Mamady COULIBALY dit Pélé *(Binadjan, l'homme des amours impossibles)*
Mariam Ouologuem dite Mama
Marie KEÏTA

Mariétou DIARRA
Michèle TOURÉ dite Michou, *l'amie de toujours*
Minourou BABY
Moctar DIALLO, *le petit frère de la rue 18*
Modibo DIARRA
Mody SECK, *le grand modérateur et le Gardien du Temple*
Mohamed DIARRA
Mohamed El Amine DIALLO
Mohamed Kaba TRAORÉ, *le très respectueux jeune frère*
Mahamadou SOUMARÉ
Mohamed Cheick Tidiane SOUMARÉ *(l'homme de Mauritanie. Oops, je n'ai rien dit. C'est Mody qui m'a filé la mèche)*
Moriba
Moridjè DOUMBIA
Moussa FALL, *le grand verre d'eau claire*
Moussa DIALLO
Moussa DOUMBIA
Moussa KANTÉ, *le mari chéri de SBD, Astafirlah, de SBK et la terreur de Pélé*
Moussa KONÉ, *l'amoureux de la nature*
Nafissatou HANGUINÉ
Noëlle Fady TOURÉ, *la petite sœur chérie*
Oumar Bila TRAORÉ
Oumou SANGARÉ
Ouriatou DANFAKHA dite Mama *(la petite sœur et belle-sœur chérie)*
Penda SACKO, *la partenaire du Modérateur MS*
Ramatou KONATÉ
Salif Lamine DIARRA
Samba SECK, *Thangaï, l'ami de MM et de SB et partenaire de Sidy Mohamed Dembélé*
Sayon DIARRA

Sékou SISSOKO
Seydou DAFFÉ, *le vrai Gardien avec zéro but encaissé*
Sidy Mohamed DEMBÉLÉ, *l'homme qui fait peur à Moussa Fall*
Sidiki SANGARÉ
Sira DIAKITÉ
Sory Ibrahim DIARRA
Tiala Yaya BENGALY
Toumany SANGARÉ
Wassadiè LANZÉNI
Yamadou DANIOKO
Yéhiya TOURÉ (Petit Tom)

Une pensée pieuse à ceux qui nous ont quittés : Abdoul Karim Cissoko, Youssouf Doumbia dit Bayoussou, Fatoumata Fomba. Qu'ils reposent tous en paix !
Que tous ceux qui se trouvent sur le groupe des 3A que j'ai oubliés ici, qu'ils m'excusent. Ce n'est point par négligence. Je suis juste un être humain !

Pablo Neruda nous dit :

«… il meurt lentement celui qui ne voyage pas, celui qui ne lit pas, celui qui n'écoute pas de musique, celui qui ne sait pas rire de lui-même.».
Alors je vous dis lisez ce recueil, vous pourrez trouver une petite expérience qui vous servira. Qui sait ?

«L'amour se dérobe pour laisser apparaître une nouvelle vérité du cœur. Si l'éternel retour est le plus lourd fardeau, nos vies, sur cette toile de fond, peuvent apparaître dans toute leur splendide légèreté. Mais la pesanteur est-elle vraiment atroce et belle la légèreté ?»

Réduire les distances
(pour les potes de l'Annexe IPEG)

La nuit…
Avec ses mystères…
Je médite…
Le ciel s'offre à moi
J'admire ses Étoiles
Je baigne dans ses lumières
Je baigne dans le temps
Le temps de l'enfance
Des jours d'école
Des copains de l'Annexe IPEG

Je médite…
La solitude me frappe
La nostalgie me gagne
La nostalgie des temps passés ensemble
Où tout n'était que rire
Où tout n'était que folie
Folie de l'enfance
J'arrive à chanter
La nuit emporte ma voix
Ce chant des moments tristes
Cette musique, Asimbonanga de Johnny Clegg,
«*Asimbonang " umfowethu thina, Asimbonang "*

umtathiwethu thina»[1].
Je dis, réduisons la distance.
3A-IPEG parut
Le digital
Le numérique diront certains
L'équipe des éclairés
Les initiateurs
La magie de la technologie avec les moyens
De réduire les distances, le distantiel
De rapprocher les cœurs, en présentiel
Et la lumière fut !

Maintenir cette lumière vive
Ne pas laisser le passé se consumer
Que ces beaux moments
Ne nous échappent jamais
Ne pas l'effacer de notre petite vie
Gardons vive sa lumière !

Avec cette lumière
Le passé n'est plus inaccessible
Il est là dans toute sa splendeur
Il vit en nous
A travers Mr Doumbia, le Directeur
Maths Djan, le prof de Maths/physique
Ba Anglais, le prof d'Anglais
Doutomingo, le prof de Français

---

1. Qui a les mots pour faire tomber la distance

Mama, le prof d'histoire
Mady Doumbia, le prof de Biochimie
Mr Bagagnogo…
Tous les potes de 3A-IPEG
Que de beaux souvenirs !

La nuit…
La tête pleine des potes de 3A-IPEG
Je m'enveloppe de votre joie de vivre
Votre solidarité
Votre attention
Votre considération
Votre intérêt
Votre empathie
Votre belle amitié
Que la part d'humanité
Qui est en nous jaillisse
Que la lumière ne s'éteigne jamais !
Que du bonheur !
Et ensemble nous gagnerons le statut de vrais amis !

Rendrons grâce

Je suis un oiseau
Je vole et du haut contemple
Ce monde en bas dans son infinie
Les mers
Les forets
Les monts
Les plaines
Le soleil
La lune
Les étoiles
L'Univers
Générosité du Créateur
Rendons grâce.

Clémence

La mer bat son plein
La lune est si pleine
Dans sa ronde majestueuse
Elle est lumineuse
Dans cet éclat de lumière
Le sommeil pèse sur mes paupières
Je refuse de m'endormir
Dans un soupir
J'admire cet instant
Si précieux et si pressant
Beau comme une surprise
Comme sur un gâteau, la cerise
Je pète la forme
Dieu est optimisme !

Parler à cette lumière
À ma manière
Juste la saisir
Je ne saurai m'abstenir
Devant sa beauté et sa lueur
Ses couleurs et sa splendeur
De lui confier mon grand rêve
De ma vie, faire une trêve
Face au silence

Je m'efface
Devant la violence de la vérité
Que mon destin ne m'appartient pas
Alors, je me reviens à moi
Reviennent donc mes émois
Ce matin chargé du pêle-mêle
Où tout s'entremêle
Ce matin chargé de nuages
Qui comme un bandage
Encombrent mes vues
Ces émois qui m'ont fait commettre des bévues
Je perds l'équilibre
Et en moi, l'angoisse vibre

Ce matin plus sombre que la nuit
Le destin s'évanouit
Les yeux au ciel
Je vois pourtant l'arc-en-ciel
En signe de clémence
Et d'obéissance
Je demande au Seigneur un peu de répit
Dure, dure la vie !

Enfants mendiants

L'air est sucré
Le ciel dans sa pâle clarté
Ressemble à l'aurore
Aux pieds nus jouent
Ces enfants mendiants

Le vent se lève avec violence
Ce vent violent, qui tout transporte
Et leur avenir
Et leurs rêves
Et leurs ambitions

Ils sont pourtant si heureux
D'être là
Jouer au milieu de tous ces dangers
Au milieu des voitures
Des vélos et des motos
Des marchands ambulants

Jouer, encore jouer
Aux carrefours
Carrefours de l'insouciance
Du danger

De l'incertitude
De l'ignorance
De la naïveté
De l'innocence
S'inventer des souvenirs
S'inventer une autre enfance
Si gaie, si facile
Saisir et voir surgir aux bords de l'horizon
Un ciel semé d'étoiles
Enfants mendiants
Laissez ce monde incertain
Cueillez les fleurs d'un autre monde
C'est tout votre droit !

Hymne aux aides ménagères

Se parler…
Un peu, se parler
Histoires brèves
Instants brefs

Devant l'infinie splendeur
De la campagne taciturne
Qui tapote les joues bleuâtres
De l'aube naissante
Voici quelques mères tourmentées
Debout sur le ventre de l'horizon
Menton entre le pouce et l'index
Elles brulent d'angoisse
L'angoisse d'une séparation douloureuse
Visages balafrés par les lames du chagrin
Chevelure blanchie par le caprice des ans
Fronts assombris par les rides de mille corvées
Elles assistent douloureusement
Au départ de celles qui ont sucé leurs seins.

Après maintes procrastinations
Vient enfin le jour fatidique
Que leurs larmes ne peuvent plus ajourner

Résignées, elles inondent l'ouïe des itinérantes
Résolues à partir malgré les périls
Mais comme les chuchotements d'un amant
Ces paroles dans leur esprit
Trouvent gîte éternel
Se parler…
Un peu, se parler
Histoires brèves
Instants brefs

Loin des murmures suaves de la nature
Et les applaudissements langoureux du paysage
L'artifice des villes charme ces nubiles
Leurs yeux à la rondeur d'un cercle parfait
S'illuminent devant les demeures somptueuses
Et la splendeur des rues lumineuses
Difficile de résister à cette beauté artificielle

Quand vient la nuit agitée
Et bruyante comme un folklore
Elles se blottissent dans l'étreinte étouffante
De la nostalgie
Pendant que Morphée
Sur l'univers et les hommes
Jette son sort soporifique
Elles se remémorent les outrages subis
Et les rudes coups de bâton
Qui pleuvent injustement sur leurs côtes

Elles pleurent discrètement
Elles pleurent longuement
Et les vagues lacrymales
Déferlant du vallon de leurs yeux
Au réveil éclabousse leur beauté sauvage

Se parler…
Un peu, se parler
Histoires brèves
Instants brefs
Pour une soif étanchée
Comme pour une faim apaisée
D'éternelles besognes
Confisquent leur sommeil
Et les privent de distraction
Impuissantes, elles se plient lamentablement
À la législation d'un foyer
Qui ne sera jamais le leur
Elles supportent l'insolence de viles railleries
Qui irriteraient le plus bas des hommes
Elles souffrent
Mais feignent de ne pas souffrir
Et pour anesthésier leurs douleurs
Elles fredonnent de douces mélopées
Qu'elles chantaient au clair de lune

Soudain se taisent les pleurs
Dans les dédales de leur misère
Elles trouvent la force nécessaire pour subir

Elles découvrent enfin
La faiblesse de leurs maîtres
Car c'est à elles qu'ils doivent leur hygiène
Car c'est à elles qu'ils doivent leur satiété
Car c'est à elles qu'ils doivent leur oisiveté
Et cetera.

Se parler…
Un peu, se parler
Histoires brèves
Instants brefs

Luttant contre l'exténuation d'atroces besognes
Elles se revigorent avidement
Dans le dédain des sarcasmes
Et l'acuité d'ignobles quolibets
Euthanasie les écorchures de leurs âmes
Pour cicatriser les plaies puantes de l'ignominie
Elles se bercent dans les souvenirs enjoués
Des ambiances juvéniles
Qui donnent vie au silence morne de la brousse
Et leurs tympans vibrent docilement
Au rythme des tams-tams et des tambours
Qui n'existent que dans leurs fantasmes
Et le balancement de leurs hanches
Obéit au son inaudible des balafons

Se parler…
Un peu, se parler
Histoires brèves

Instants brefs
Seules livrées aux lois infâmes
D'un monde pervers
Elles enjambent les embûches de la débauche
Et les murs honteusement écourtés de l'oubli
L'oubli de soi
L'oubli de l'infortune
Contre les tentations tyranniques de la luxure
Elles préservent leur dignité
Elles encaissent sans broncher
Injures, supplices et dérisions
Mais leur longanimité n'est que bravoure

Quand le monde stupide et sournois
Dans son éternelle niaiserie
Les appelle domestiques
Au lieu d'en être outrées
Elles s'en enflent de fierté
Et répondent fièrement
Qu'il vaut mieux être domestique
Et vivre décemment
Qu'être roi et vivre bassement

Pour se parler
Un peu, se parler
Histoires brèves
Instants brefs
Elles bravent la cruauté du monde vicieux
Parce qu'en chacune d'elles

Respirent la pudeur
En chacune d'elle
Coule la sève vivifiante de l'honneur
En chacune d'elles
Frémit le nombril du bercail
Sur le front des unes
Reflètent les eaux douces du marigot
Le marigot où les preux bergers du village
Sous les yeux mi-clos d'un soleil vespéral
Viennent abreuver au quotidien
Leurs bêtes aux cornes royales
Sur les joues lumineusement sombres des autres
Etincellent les mares intarissables de lessives

Pour se parler
Un peu, se parler
Histoires brèves
Instants brefs

Quand vient la nuit douce comme une femme
Elles dorment paisiblement
Car l'azur peuplé d'oiseaux annonciateurs
Augure l'arrivée de l'hivernage
Les pluies ne vont plus tarder
Et bientôt c'est le retour
Le retour au bercail.

Vieillesse

Vieillesse
Quand la jeunesse du corps se retire
Et que l'air qu'on respire
N'a plus la même senteur
Encore moins la même douceur
Quand ces doigts jadis adroits
Deviennent maladroits
Quand ces beaux yeux se mettent à faiblir
Et qu'ils ne me laissent plus toutes ces beautés m'attendrir
Quand les hanches et les reins se grippent
Et que les articulations se resserrent
Quand l'esprit se met à vieillir
Et que la pensée se met à assombrir
Quand tout devient confusion
Et que c'est la fin de l'illusion
Quand les incidents se multiplient
Et que les repères se brouillent
Quand l'on s'égare dans sa propre maison
Sans perdre tout à fait la raison
Et n'avoir le réflexe que de se diriger aux bruits
On se sent réduit
Par l'oubli qui devient le quotidien
Ah! vieillesse quand tu nous tiens!

Je regarde dans le miroir
Et refuse de céder au désespoir
Le reflet me rend pourtant nostalgique
De ce corps angélique
Je désire un instant
Seulement un instant
J'avoue que ce qui s'est enfui était ma jeunesse
Ces années vertes qui pour moi rien ne transgresse
Alertes qui ne reviennent plus jamais
Plus jamais !

Jadis, ce dos droit
Qui aujourd'hui échoit
Ses mains potelées
Aujourd'hui squelettiques et tamisées
Plus aucun doute
Sur une vérité que je redoute

Prier Dieu
Le Miséricordieux
Pour un passé qui fut audacieux
Mais pas glorieux
Des remords et des regrets
Oui, tout est regret

Se repentir
Oui se repentir
Les souvenirs intacts sont là
Pas ces souvenirs-là

Ils sont vivants
Mais plutôt redoutants

Quelle vie !
Les convulsions, les délires, les vertiges de la vie
Je m'en souviens
Ils sont miens
J'ai prié pour aujourd'hui
Dans le silence de la nuit
J'ai prié pour tous mes enfants perdus et égarés
Pour toutes les peines causées
Là, secouée par mes échecs
Et toutes mes erreurs avec
Mon âme se réveille
Et me rappelle que ce ne serait plus pareil
Elle entend mon chant
Au rythme acharnant
Face à mon désespoir
Je ne broie que du noir
Et je n'entends qu'une musique fausse et lointaine
Sa mélancolie me glace le sang, me rappelant que du vilain
Rappel, rappel
Cette vie n'est qu'une escale
Cette vie bien mienne
Qu'à cela ne tienne
N'est qu'une escale.

Mélancolie

Le fleuve est agité
Il s'étend à perte de vue
Je n'ai rien inventé
L'eau coule sans couler
Écouter ce fleuve sans l'entendre
Il respire une si longue solitude
Dans ce monde de béatitude
Les vagues dans leur euphorie
Me narguent
Elles voient mon embarras
La beauté de ce monde perdu dans ce débarras
La voix de ma conscience
Me rappelle mon insouciance
Qui causa ma perte
Je ne suis qu'un immortel
Garder cet indéfinissable chagrin
Fuir ces regards de dédain
Ils ne sauront demeurer
Que ce fleuve qui s'étend ici
Les transporte
Les avale à jamais
Avant de disparaitre
J'aimerai les regarder une dernière fois

Seulement une dernière fois
Avec douceur
Avant de les refouler à jamais et pour toujours
Ce fleuve a le rythme de ma vie
Volontaire et fragile
Comme il retient ses eaux
Pareil pour mes peines
Contenues dans mes entrailles
Échouées à l'intérieur
Je le suis.

Ma petite Kayira

Image mentale de la petite
Ma petite Kayira
Si belle, si douce
Si pleine de vie
Regarder le feu en silence
Les braises se consumer
En cendre faisant place à l'abstrait
Penser à ma fin
Sous morphine pour oublier
L'image mentale renait
Plus pressante
Je dessine ses traits
Tout bondit
Les yeux
Les pommettes hautes
Le cou long
Le sourire contagieux
Part, part pour ne plus souffrir
Prier pour que le départ soit doux
Effroi en cet instant
Larmes
Mais non !
Fini la douleur.

Quand la nuit me parle

La nuit me parle
Elle me confie sa peine
La laideur des hommes
La violence des hommes
D'où viennent-elles ?
Pourquoi ignorer la beauté du monde

La nuit se tient au-dessus des hommes
Libre et immortelle
Elle me parle
Me confie ses peines
La méchanceté des hommes
L'égoïsme des hommes
D'où viennent-ils ?

L'enfance secouée

Une étoile est tombée sous mes pieds
Effaçant cette journée aux côtés des casse-pieds
Un silence lourd s'installe
Pendant que sur mon lit je m'étale
Le soir, je raconte à la nuit la beauté de ma découverte
Sous mes draps, je garde les yeux ouverts
Mes idées s'évadent
Mes rêves me secouent
L'enfance apparaît
Me laissant de nouveau naître
Avec ses belles promesses
Faisant de moi une princesse

Doucement la nuit disparait
Avec élégance le jour apparaît
Au bord du fleuve je m'évade
Je me jette à l'eau avec bravade
Le bruit de l'eau invisible entre les pierres
Je crois entendre le tournepierre
Cet oiseau d'ailleurs
En maître piailleur
Rivaliser avec la pie

Leurs voix en ces moments d'évasion, ma thérapie

Une étoile est tombée à mes pieds
Effaçant cette journée aux côtés des casse-pieds
Le soir, je raconte à la nuit la beauté de mes 18 ans
Tout se déroule comme un roman
Ses pages imprimées de souvenirs
Je me laisse assaillir
Ah ! Adolescence
A ! Défervescence !
Cette étape de la vie qui n'est qu'insouciance
Et Turbulence
Où tout est encore incertain
Mais je ne suis qu'un humain
Avec des rêves infinis
Où tout n'est pas encore défini
Où tout est objet de tentatives déplacées
De corps désirés
De regards indiscrets
Pourtant rien n'est concret
Tout est encore fragile
Tout est si volatile
Et si c'était encore par amour
Ce n'est que désamour
Rien d'autre que plaisir d'une chair plus fraiche
Qui aguiche
Que l'on rêve de posséder comme une bête désinvolte

Qui n'ose pas la révolte
Que l'on veut sculpter, adapter
Qu'on aimerait dompter
Pour tester une soi-disant puissance
Et avec décontenance
Vouloir révéler à soi sa suprématie
Quelle idiotie !
Pas avec moi
Que l'on s'agglutine devant moi
Je resterai une énigme
S'il le faut, un flegme
De ma chair fraiche et tendre
Mieux vaut comprendre
Que je reste moi-même
Et que je ferai justice moi-même
Faim de mon corps ?
Je respire la menace
Et la puissance
Je ne veux pas tout simplement
Je me battrai voracement
Tout est là
Tout se joue là
On ne me volera pas ma vie
Elle est bien mienne cette vie !

À elle et elle seule

Pâleur
Remontée gastrique
Nausée
Que de panoplie !

Un autre petit être
Sur le dos de monsieur
Selon ses dires
Comme s'il n'était pas de lui
Seulement d'elle
Qui n'appartient qu'à elle
Oui désormais
Devant cette offense
Tout lui appartient
À elle et à elle seule
Le premier cri qui résonne
Les layettes
Les premiers mots
Les premières dents
Les petites maladies
Le premier pas

Transformer cette offense

En mélodie et en berceuse
Tout est à elle
Le regard de cet enfant innocent
Rendant heureuses ses journées
Effaçant les frustrations
La honte
Ces moments de complicité
Pendant les tétées
Appartiennent à eux seuls
Ces moments de câlins
Ces sommeils partagés
Le soir regarder ensemble la tombée de la nuit
Le soir au lit
Sous les draps qui sentent l'encens
Le serrer contre elle
Tout près de son cœur
Caresser lentement sa tête pour le faire dormir
Dans ce paysage familier
Son odeur qui l'envahit
Ses cheveux qui la chatouillent
Le battement de son cœur qui rassure
Leurs vies sont liées, indémêlables
Dans un amour éternel.

Reste avec moi

Plus jamais !
Plus jamais nous ne nous perdrons de vue
Rester ensemble pour l'éternité
Moment magique
Mais plus de temps
Trop de réflexion
Entre temps, le temps file
S'arrêtera-t-il pour nous ?
Te laisser partir !

Ce qui reste

Finis les jours malheureux
Et les nuits solitaires
Finis les films
Obligée de rester
Plus besoin de se cacher
Il ne reste plus rien
Que le silence
Et les larmes
La cour est sombre
Le soleil n'y descend plus
La haine qui anime
Cette haine qui épuise.

Hommage à Nicole

La pluie tombe
Regarder la nuit se mêler aux grêles
J'entends une berceuse
Au rythme d'une mélodie mélancolique
Rappelant cette vie ensemble
Tu es partie si tôt, Nicole
J'ai laissé couler cette douleur
Cette séparation brutale
Ta main qui était dans la mienne
Ta main qui tombe
Signant ainsi la fin
De notre vie ensemble
Nos jeux
Nos chants
Nos rites
Nos rêves
Nos souvenirs.

Seul si terriblement seul

Le soleil va continuer à briller
La pluie de tomber
Cet amour ne s'effacera pas
Il ne sera pas un trépas
Il inondera toujours mon cœur
Secouera mon âme avec vigueur
Jusqu'à te conduire là où je voudrais
Là où ton bonheur serait

Pour toi, inventer le monde
À chaque seconde
Décrocher la lune pour toi
Dans un tel émoi
Ramper à tes pieds et te chanter une mélodie
Dans la douceur de ton corps dont je m'ensevelis

Le bonheur de me réveiller à tes côtés
Ma douce cocotte
Tu seras toujours appétissante
Également aguichante
Comme à l'époque où tu avais 20 ans
À mes yeux, tu ne vieilliras jamais
Laisse-toi aimer

T'admirer
T'aimer et t'admirer au-delà du temps
Longtemps et très longtemps
Guérir de la douleur que je t'ai infligée
Seconde chance
Je saurais la saisir
Et réinventer le monde
Le pardon si capital
Redevenir ce couple que nous avons été
Partir sur une île pour nous retrouver
Notre seconde lune de miel
Ma vie, ma femme, mon unique amour
Seul si terriblement seul.

Je me meurs

Je me meurs
D'un amour perdu, je me meurs
D'un amour qui n'a peut-être jamais existé
D'une indifférence jamais égalée
Que du mépris pour moi
Pour moi, quel désarroi
Que me reste-t-il ?
Que des miettes subtiles
Tout n'était que mensonges
Et perdue dans mes songes
Je ne vois rien d'autre que trahisons
Qui me consument comme du poison

Je me meurs
D'un amour perdu je me meurs
Ma vie n'a pas été ce rêve
Elle fut comme une flamme brève
Ce rêve d'être aimée
Dorlotée
Protégée
Câlinée
Mirages !
Naufrage !

Dégringolades !
Que de journées maussades
Gris
Ciel gris
Éclipse
Apocalypse
La lune et les étoiles se sont cachées
Le soleil s'est barré
Les nuages se sont formés
Le ciel s'est déchainé
Pluies de malheur
Pluies de douleurs
Inondations
Abomination
Que les eaux m'amènent
Qu'elles m'engloutissent
Dans ces eaux troubles, je me meurs
D'un amour perdu, je me meurs.

Les amants

Sillonner les eaux troubles
Avec le vent et le soleil dans le visage
Pendant qu'on regarde l'horizon
Se retrouver seuls et savourer ces moments magiques
Poser ma tête sur tes épaules
Et sentir ma peau toucher la tienne
Me frotter à toi
Le temps s'est arrêté
Mes lèvres sur les tiennes
Vivre comme on n'a jamais vécu
La magie de l'amour
L'éternel
S'oublier un moment
Se faire une raison de vivre
Rendre heureux
Je suis un homme de soixante-dix ans
Qui a vingt ans
Aller au plus profond de moi
Pour retrouver ce qui fait ma force
Garder mon calme, ma sérénité
L'enthousiasme est l'ennemi de la rigueur
Rester fort en toute situation
Pleurer, gémir ne règleront jamais rien.

L'âme en désordre

Le blues
Le spleen
Ciel gris
Le mal du pays

Le regard dans le vide
Un pincement au cœur
L'âme erre
Se laisser bercer par la voix sublime
De la gazelle du désert
Oumou Soumaré
Sans en comprendre un mot
Les mots me pénètrent
Ils se logent dans mon corps
Dans mon âme
Ils me parlent
Et me transportent au nord de mon pays
Ce vaste territoire
Avec ses dunes de sable à perte de vue
Le nord des Askia
De l'éclairé Ahmed Baba
Le nord des Manuscrits
Le nord des trois cent trente-trois Saints

Il soupire, le nord soupire
Il souffre de chaque goutte de sang versé
Le nord de Aly Farka Touré
De Baba Sallah
De Haira Arby
De Amy Wassidie
De Afel Boucoum
De Tinariwen
Le nord de Soumaila Cissé
De Mahamane Baby
L'ami
Le confident
Le complice
Le mentor
Je pleure pour eux
Car je suis une partie d'eux
Je ne saurai rire quand ils pleurent
Quand leur âme saigne.

Vierge à vie

Ma fille, laisse-moi te raconter :
Comme toi, je fus des lèvres pulpeuses
Au goût de miel
Des seins chauds bombés
Comme les mamelles d'une brebis qui vient de mettre bas
Des cuisses aimantes
Comme celles d'une vierge

À la vue de mes seins
De mes fesses
Tout devint vertige
Le désir de ce corps chaud
Tenaillait tout son être
Cette envie de la chair
Le faisait gémir
Telle une bête sauvage
Tapie dans son bas-ventre
Rêvant déjà à des heures d'extase

J'ai cru
Oh! Comme j'ai cru à Elias
Le bel Elias

À son regard insistant
Que je croyais bienveillant
Il s'était glissé en moi
Dans toutes ses formes
Murmurant tendrement des confidences douces

Et pourtant
Ce n'était qu'illusion
Illusion des illusions
Ce n'était pas l'élan de son cœur
Mais le désir de la chair

Tout aurait pu être beau
Si je n'avais pas compris
Qu'il voulait juste par fou désir
Se saisir de ma jeunesse
Voler mon âme
Me faire passer dans sa casserole
Tous pareils…

Je compris
Oh que je compris tout !
Je ne voulais plus de lui
Que la terre s'ouvre et l'engloutisse
Je voulais partir, ma fille
Prendre mon destin en main
Partir, eh, Dieu !
Quitter ce monde de malheur
Où tout est décidé pour moi

Du couteau de l'exciseuse
Au choix du mari

Partir…
On me refusa cette décision
Le conseil des sages s'était réuni
Le choix fut le leur

On me fit croire
Que ma vie ne m'appartient pas
Mais à ma famille
À ma communauté
Et désormais à Tiocari, cet autre
Oui, cet autre qu'on avait choisi à ma place

Humilié par mon non
Tiocari déchargea sa haine dans mon vagin
Ce pénis monstrueux déchira mon vagin
Dans une odeur de sang chaud
Sang de haine
Douleur cruelle au bas ventre
Mon cri perça la nuit
Remonta jusqu'au ciel
La lune et les étoiles se cachèrent derrière les nuages
Un instant, le ciel s'assombrit
Mes forces m'abandonnèrent

Ma fille
Eh oui ! Tiocari s'était nourri à la sève

Il avait noué des relations avec mon corps
On était devenu un et un seul à cet instant précis
Avait-il le droit d'abuser de mon corps sans mon consentement ?
Sous les cieux d'un été finissant
Viol sur viol
Tu en es le fruit, ma fille

Mon non me coûta cher
Mais aucun regret ma fille
Puisque tu es là, puisque je t'aime
Pour moi, amour veut dire fusion des cœurs et des corps
Un est égal à un
Je suis toi, tu es moi

Depuis ce massacre de mon vivant
Que de jours sombres !
Je ne voyais plus le soleil briller
La lune faire sa ronde
Je n'entendais plus le chant du coq
Silence mortel autour de moi
Mon quotidien fut épuisement, ma fille
Douleur !
Si l'enfer existe, il ne doit pas être différent

Sages, ils se définissent
Mais responsables des désordres de ma vie
Invisibles, mes soucis à leurs yeux

Coulant, mes plaintes sur leur corps
Passant inaperçu sous leurs narines
L'odeur de ma sueur et de ma souffrance
Indifférents ils étaient

Le pardon ne peut pas exister pour moi
Par leur trahison, le meilleur de moi est parti
Ils m'ont arraché à mon enfance
À mon innocence
À mes rêves d'adolescente
Des sages ! Mais en quoi !
Des traîtres, oui !
Leurs couilles !
Qu'ils crèvent
Que la terre s'ouvre et les engloutit tous !

Ma fille,
J'aurai aimé ne pas avoir à t'en parler un jour
Mais les voilà agiter la toile
Ces traîtres de soi-disant sages
En voulant la même vie pour toi
JAMAIS !
Sur mon cadavre, oui
Sinon JAMAIS !

Éveil des consciences !
Le déclic fut divin
Eh bien ! Moi je leur dis
En tous cas pas pour toi, ma fille

Je ne sais pas pour les autres
Mais moi, c'est fini
FINI !

Ma fille…
Ma fille, ne sois pas comme moi
Qui n'ai pas eu le choix
Le proverbe dit
« Ce qui est pris n'est plus à prendre »
Aujourd'hui le choix est tien
À toi de décider
De croire en toi
Suis ton cœur
Sois l'actrice de ta vie
Sois l'harmonie avec toi-même
Et aussi, suis-je là
Le pouvoir que tu détiens
La fée douce qui te surveille
Comme le lait sur le feu
On ne touchera pas à ton corps
Cette cruelle blessure à mon ventre
Ne sera pas tienne
Tu es ton corps
Il t'appartient
Fais-en ce que tu en veux, ma fille
Personne n'a de droit sur lui
Personne ne pourra le prendre
Faire de lui son plaisir sexuel
Je suis décidée

Tellement décidée
Déterminée
Tellement déterminée !
La révolte se lit dans tes yeux
Tu as compris
Là je renais
Personne ne peut me voler cette renaissance
Aujourd'hui est jour de révolte
Insister ne me fera pas céder
Qu'ils osent donc
Je leur ferai avaler leur imprudence
Je trancherai le pénis de cet assoiffé de sexe
Qui osera t'approcher
Ça ne sera pas une grande perte
Fière en ce moment
Je le brandirai, ce pénis, aux quatre coins
Afin qu'il ne souille plus
La vie de celles qui ont choisi
De garder leur corps intact
Vierge à vie, Eh oui !

Ma fausse vie

Cette vie
Ah cette vie que je me suis fait mienne
Qui n'est pourtant pas mienne
Une vraie mascarade
Où tout est inventé
 Inventer une histoire qui n'est pas mienne
Où tout est faux
Les faux cheveux
Les faux ongles
Les faux cils
Les faux seins
Les fausses fesses
Tout cela pour qui donc ?
Qui suis-je donc ?
Ma vie n'est plus que peur et angoisse
La peur que le masque tombe
Que l'on ne découvre que tout n'est que mensonge
Et que tout n'est qu'artifice
Pour paraître dans un corps qui n'est pas mien
Mensonge, mensonge !
À la découverte de la vérité
Il ne restera plus rien
Rien de rien

L'image de cette fille idiote que je suis
Âme solidaire et triste
Renfermée et abandonnée comme une sale vulgaire
Oui sale vulgaire
Tout est là mon mérite
À genou
Prosternée devant le Seigneur
Pour demander pardon
Oui pardon pour n'avoir pas su apprécier ce qu'il m'a donné
Ce corps intact
Sans handicap
Pour n'avoir su apprécier la beauté de ce monde
Pardon à tous ceux qui se battent pour la pitance
Ceux sur un lit d'hôpital
Les malvoyants
Les perclus
Les malades
Égoïsme de ma part
Honte à moi !

Rapprocher le monde

Rapprocher le monde
Regarder le même ciel
La même lune
Les mêmes étoiles
Le même soleil
Ça devrait être ainsi
Alors que je suis la femme la plus seule de la planète
Je suis fatiguée de tous ces sourires éternels
Ambulants
Oui, sourires éternels
Quelle hypocrisie!

Déjà mère

Âge d'aller à des fêtes
Âge de rigoler sans préoccupation
Âge de m'amuser
Mener à bien mes études
Un moment d'abandon
Voilà que le destin qui frappe
Cette vie qui grandit en moi
Changer tout l'avenir
Responsable d'une nouvelle vie
Responsable à tout jamais
C'est une vie
Chaque minute à m'en occuper
À le soigner
Tout affronter
Devenir une mère
Suis-je seule ?
Cette belle source de bonheur
Qui se transforme en douleur
En tragédie
Petite fille et déjà une vie en charge
Un bébé à peine né
Que je suis
J'aurai besoin de force

De courage
Responsable
Attentionnée et pleine d'assurance
La honte
La peine et la douleur des parents
Qu'ils comprennent que je suis déjà dans le fond du gouffre
Est-ce le moment ?

Un peu de nous
(En hommage aux handicapés)

Ce corps lourd à porter
Lourd comme une pierre tombale
Ce poids lourd à trimballer
Allah doni man gri[1].
Pourquoi pleurer mon enfant pour ce corps
Pleure plutôt pour une âme ficelée
Indifférente aux beautés de ce monde
Ne baisse surtout pas la tête
Ne laisse pas ton handicap prendre en otage tes désirs et tes rêves
Infirmité ne veut pas dire obstacles non surmontés
Je ne laisserai pas le désespoir t'envahir
La vie est un voyage
Ce voyage, nous le ferons ensemble
Personne ne doit y aller seul
Tout cela fait partie du plan du Maître
Mais la force en toi te fera avancer
Ta détermination te fera envoler ton handicap du fauteuil roulant

---
1. Accepter la fatalité

Mon enfant laisse-moi donc tenir ta main
Quand tu arriveras au bout du chemin, tu comprendras
Ce n'est juste qu'un chemin
Le soleil se lève et se couche pour tout le monde
Il n'arrêtera pas de briller parce tu es dans ce fauteuil du handicap
Je ne veux pas de cette mine triste
Regarde combien ta beauté illumine cette pièce
La beauté de ton cœur et de ton âme !
C'est du puissant, du fort comme toi !
C'est de cela qu'il s'agit
La beauté d'une âme libérée !

Quand tu es seul et que tu as le cœur malade
Regarde bien le ciel
Et enterre tes peines et remercie le Seigneur
Pour le soleil, les étoiles, la pluie, le ciel, le toit
Pour les petites joies qui passent
Pour les moments de grâces
Oh, comme il y a pire
Certains ont faim et soif
D'autres dorment dans la rue
Quand le ventre est vide, le sourire se retire du visage
Quand on n'a plus où dormir
La vulnérabilité s'installe et nous expose
L'esprit se perturbe et la pensée se met à assombrir

Cet enfant de la rue abandonné à son propre sort
Pourtant il n'a pas demandé à naître
C'est l'indifférence des siens qui le rebelle
Les convulsions, les délires, les vertiges de la vie
Il s'en souvient
Ils sont siens
Pas normal pour un enfant où tout doit être rêves
Et pourtant

Pourtant
On peut faire la différence
Juste un peu de nous
Oui, un peu de nous
À ceux dans le besoin, moins nantis que nous
Le poète a dit : « *les enfants handicapés ou malades sont comme des papillons aux ailes brisées.*
Ils sont aussi beaux comme les autres enfants, mais Ils ont besoin d'un peu d'aide pour déployer leurs ailes. »

L'œil est dans la tombe et regarde Caen
Faisons nôtre la vie de cet enfant dans le besoin
Juste un jour
C'est de cela qu'il s'agit
Un peu de nous pour réconforter l'autre
Cet autre à qui la vie n'a pas souri
Nous qui avons toutes les chances
Que l'on vive seulement une minute la vie de cet enfant
Soyons solidaires

Soyons là pour ceux qui en ont besoin
Faisons naître la sympathie de l'âme
Briller la lumière de la fraternité
Dressons des clartés
Faisons sortir le bourgeon du noir afin que la chaleur s'installe
Semons l'amour par nos actes
Que les âmes se réveillent
Qu'elles soient secouées
Empathie, empathie
Dans le silence de la nuit
Prions pour tous ces enfants
L'œil est dans la tombe et regarde Caen

L'œil est dans la tombe et regarde Caen
Ces leçons ci-dessous du poète Jean-Pierre Claris de FLORIAN
Vont bien mieux que les escaliers à escalader
Que les repères à chercher
«Nous possédons le bien à chacun nécessaire :
J'ai des jambes, et vous des yeux.
Moi, je vais vous porter ; vous, vous serez mon guide :
Vos yeux dirigeront mes pas mal assurés ;
Mes jambes, à leur tour, iront où vous voudrez.
Ainsi, sans que jamais notre amitié ne décide
Qui de nous deux remplit le plus utile emploi,
Je marcherai pour vous, vous y verrez pour moi.»

La faim

Estomac vide
Sourire amer
Visage crispé
Regard éteint
Esprit perturbé
Pensées assombries
La faim rôde

La rue pullule de ces enfants
Abandonnés à leur propre sort
Ces enfants qui n'ont pas demandé à naître
L'âme pleure
QUELLE VIE !

Kolokani, mon enfance dorée

Je vis de souvenirs
En ces jours d'hivernage
Sur la route des champs
À Djadjirila
Des cases parfaitement rondes
Faites de pailles et l'intérieur en terres argileuses
De tiges de mil
De bouses de bovins et de sol en terre de fourmilière rouge
Se dressaient avec leurs toits de chaume qui sourient au ciel bleu
Traversant le marigot dont les berges
Accueillaient une agglomération de Maures et de Peuls
Avec leurs bétails
Les quais très animés par la présence du marché à bétail et de condiments
Les oiseaux tels que les Martin-pêcheurs, les pique-bœufs
Les pêcheurs qui réparaient les pirogues et les filets au besoin
Tout ce beau monde
Cohabitant en parfaite harmonie

Dans la paix et la sérénité
Dans le bon «Diatiguiya» des Bamanan
Le cœur rempli de joie
Le chien, marchant au rythme de la charrette
Les jeunes filles à la poitrine pointue
Et fièrement dressée
On fait des pauses
Tout au long de la route
Pour admirer des animaux errants en pleine nature
Dans la forêt, observer sans se lasser des animaux sauvages
Tels que les lièvres, les écureuils, les biches, les varans, les cynocéphales au derrière pelé
Les oiseaux ne sont jamais en reste
Hirondelle, tourterelle, pie, héron, hibou, perdrix, chauve-souris
Participer au ramassage des noix de karité
Cueillir la goyave, le jujube, le «dougoura», le «tabacouba», le «bourré»
Le «zaban», la pomme cannelle, la pomme d'acajou
Les légumes : le gombo, le manioc, la patate douce, la courge, les aubergines sauvages
Amener le repas à mes frères aux champs
Qui se laissaient aller et chantaient à haute voix :
La daba[1] est mon gagne-pain

---

1. Une daba est un outil africain servant aux cultivateurs

Donc, je n'ai pas peur
Car je dois amener à manger à la maison
Qui d'autre le fera à ma place
Qu'il pleuve donc
Que le soleil tape fort
Que la terre devienne dure
Qu'est-ce que cela peut faire
Il y va du bonheur de ma famille
Et de mon bonheur aussi
Alors à nous deux ma chère daba
Laboure, sème
Allons-y mes frères
Du courage

Traire les vaches
Nettoyer les enclos
Jouer sous les pluies torrentielles
Je me noyais dans cet univers
Si unique
Si vrai
Si réel
Si mien !

Emprunter ensemble le chemin de l'école « Biafra »
Croupie sous les grands arbres caïlcédrat au tronc peint en blanc
En passant chez l'amie Naré Doucouré pour faire chemin ensemble

Traverser le marché
Les vendeuses de beignets de haricots
Ou à base de petit mil ou de riz «ngomi»
D'arachides grillées, de cacahuètes
L'éventail à la main sous un soleil chaud
On me sourit
On me câline
Oh Kolokani !
Je ne saurai t'oublier
Tu m'as accueillie
Princesse, je l'ai été
Princesse je suis restée

Beaucoup d'eau a coulé sous le pont
Chacun de cette fratrie a sa vie
Était-ce cela notre destinée ?
Il était pourtant une fois
Où il faisait si bon de vivre ensemble
Regroupés autour du cocon familial
Se réveiller ensemble
Préparer ensemble le repas
Manger dans le plat commun
Réciter les versets du Coran en cœur chaque matin
Sous l'œil vigilant du Maître
Avec plus de quarante talibés réunis
Venus de toutes les contrées
Filer le coton
Décortiquer l'arachide

À la lumière d'une lampe tempête
Récits de contes à la claire de lune
Faire rentrer le bétail
La volaille
Danser au clair de lune
Jouer à cache-cache
Au gagni[2]
Au balanzan
À la poupée
Au bêlêta
Se laver au marigot
Se coucher ensemble dans la pénombre
Et fermer les yeux pour rêver ensemble
Kolokani
Je te dois
Tu me manques et mon enfance avec
Mon âme reste Kolokani
Satou, Lalaïcha, Doussou, Mariama Ba, N'Tjini, Oumou
Comme vous me manquez toutes
Comme il faisait bon vivre !
Tout cela c'est moi
Tout cela est gravé dans mon ADN !

La vie a pris tout un autre chemin
Mais je suis toujours votre Safi Ba, votre Boubou
Je me sens si seule sans vous

---
2. Gagni, Balazan, beleta (jeux de société)

Je pensais que nous serions toujours ensemble
Comme au bon vieux temps
Mais le temps a si vite passé
Et je me suis retrouvée si seule
J'ai eu peur de fermer les yeux
Les ouvrir par peur de ne plus vous revoir
Hélas !
J'ai emporté à la semelle de mes chaussures
La terre de Kolokani
Si pétrie de tendresse
D'amour
De solidarité
D'empathie
L'histoire qui me lie à kolokani
Ne s'arrêtera jamais !
Elle se répète encore plus belle depuis la découverte de « Kofleton »
Ces frères et amis retrouvés qui vivent en moi, dans mon cœur et dans mon âme
Leur voix, messages résonnent dans ma tête
Avec la voix de chacun et de chacune
Les blagues, les chants et les danses
Tout cela ne peut être qu'une porte ouverte
Sur une rue comme une échappée
Vers tous les projets qui nous attendent
Kolokani reste Kolokani !

14 octobre, jour fatidique

14 octobre, jour fatidique
Je n'ai pas connu ma mère, qu'importe
Je ne connais pas son visage, qu'importe
Je ne connais pas son sourire ni son rire encore moins sa démarche, qu'importe

Mais elle était ma mère
Je suis d'elle
La lagaré[1], sortie de ses entrailles

Ce 14 octobre, fatidique
Rien, absolument rien, n'annonçait sa disparition soudaine, inexplicable
Cruelle pour toutes celles et tous ceux qui l'avaient connue, même furtivement

Il ne fallait qu'un instant pour tomber sous son charme
Avec sa joie de vivre et plein de projets, sans doute pour sa progéniture
Généreuse, sensible et douée d'une grande humanité
Et avec le goût prononcé de l'Autre, le sens de

---
1 La dernière née

l'amitié et de la Balimaya[2] m'a-t-on dit
Modeste, elle croulait sous l'estime de tous ceux qui avaient croisé son chemin
Humble, elle ne semblait pas s'en préoccuper parce que tout était naturel chez elle
Elle ne forçait rien
Je ne puis qu'être attristée en ce jour d'anniversaire de son rappel à Dieu

En ce 14 octobre 2022, où je boucle l'écriture de ce recueil
Toutes mes pensées vont à elle
A nous de ne pas l'oublier.

---

[2] Fraternité

Imprimé au Canada
pour le compte de
Presses Panafricaines

www.ingramcontent.com/pod-product-compliance
Lightning Source LLC
Chambersburg PA
CBHW051537240526
45465CB00027B/604